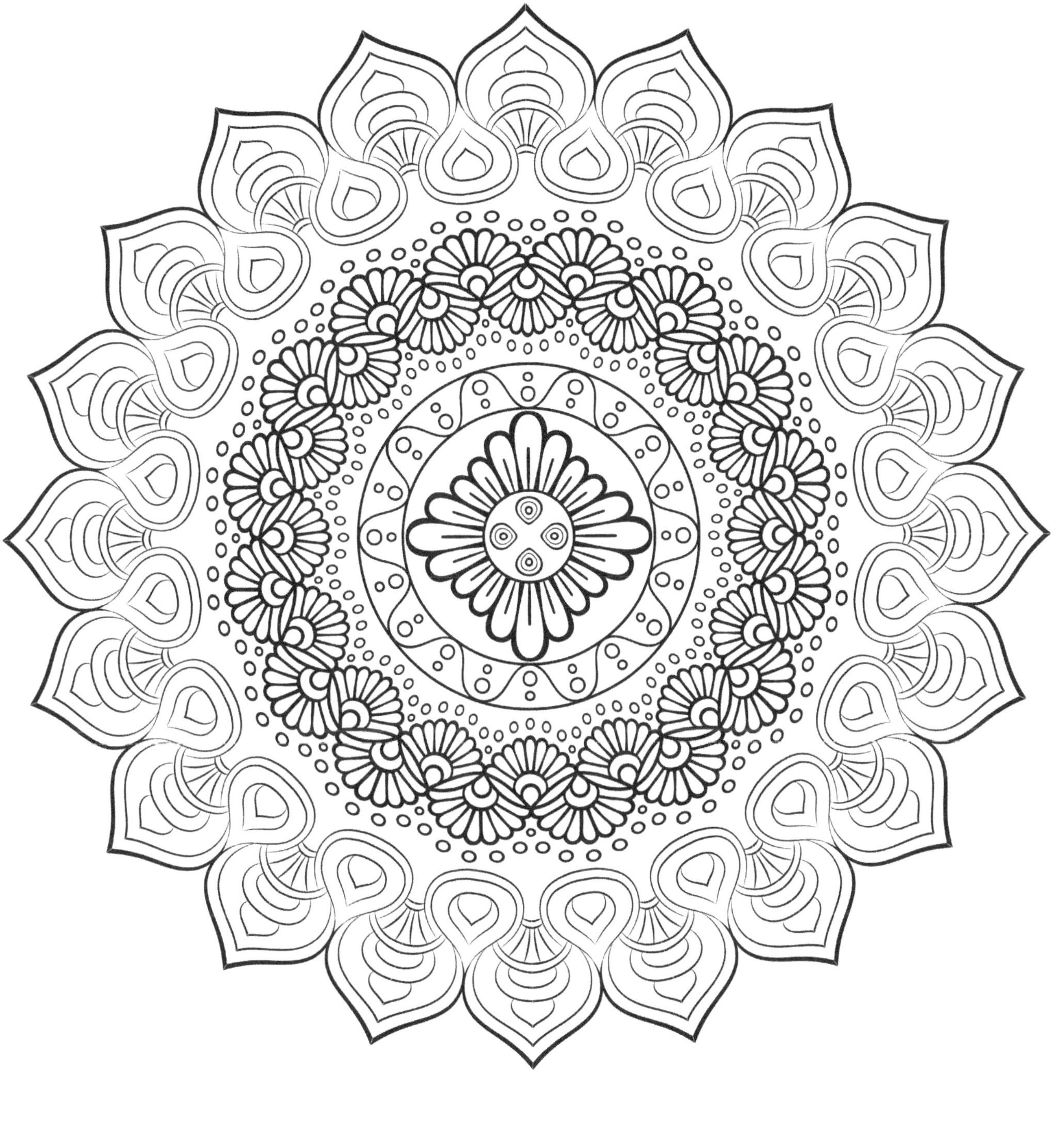

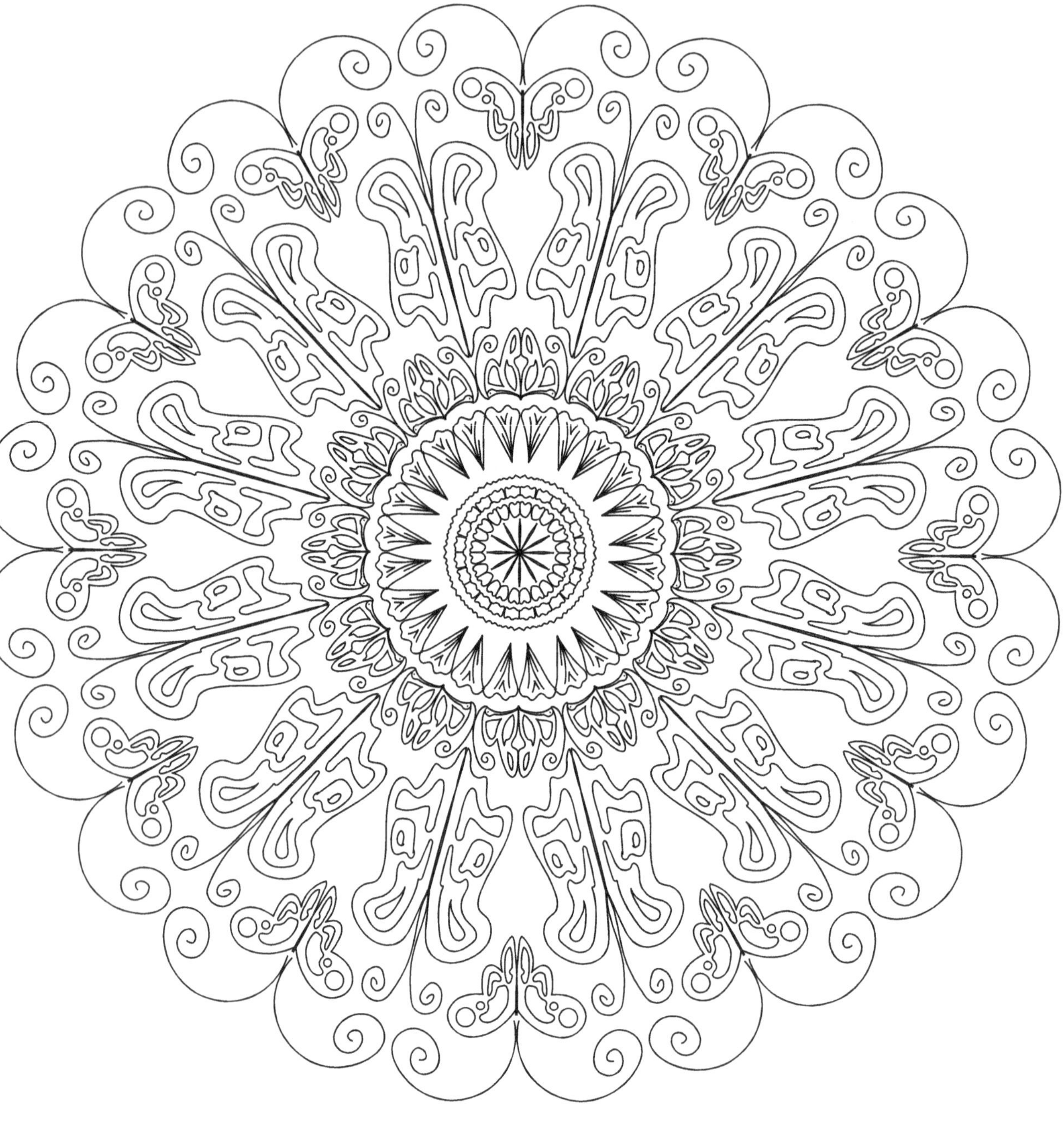

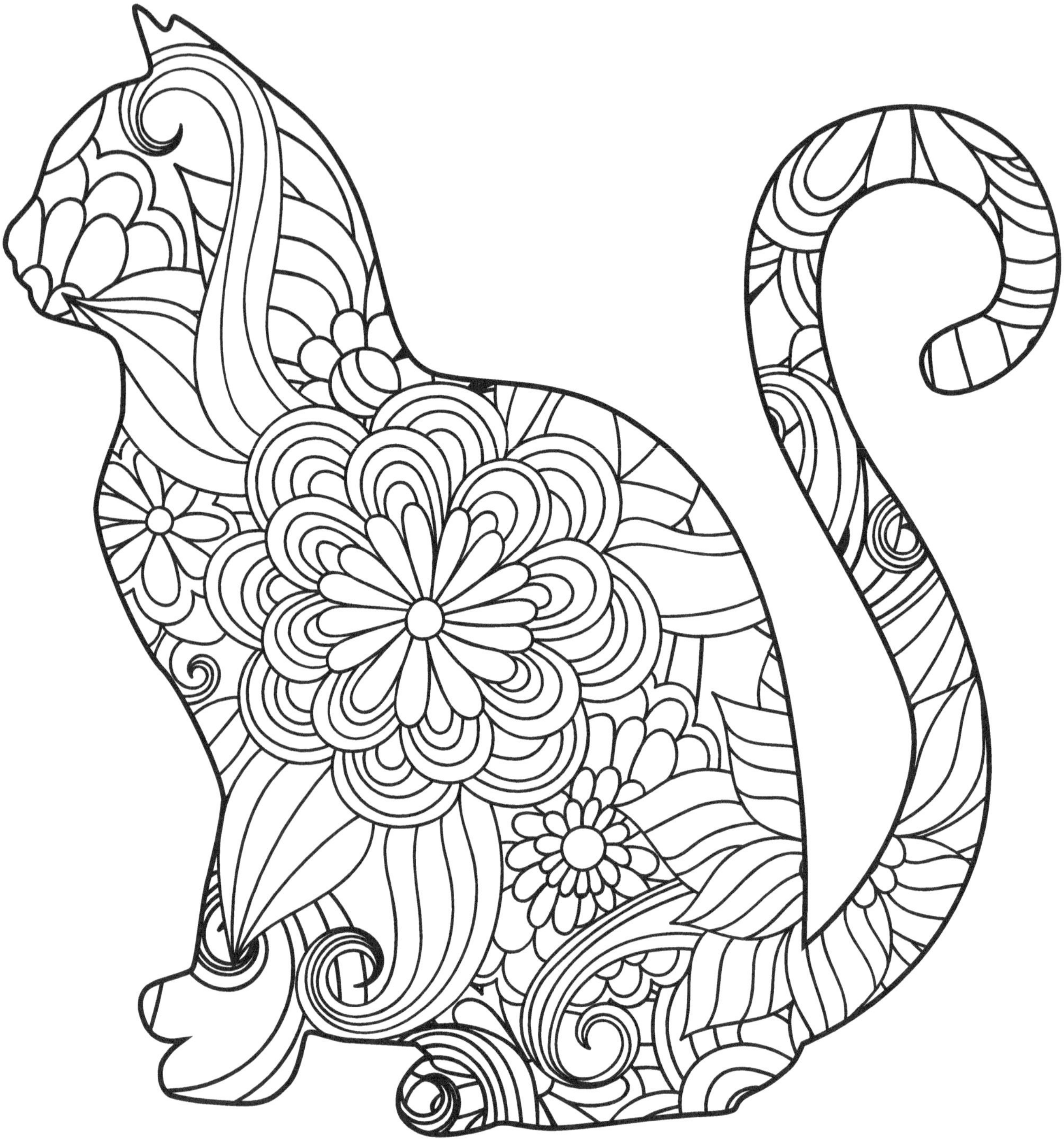

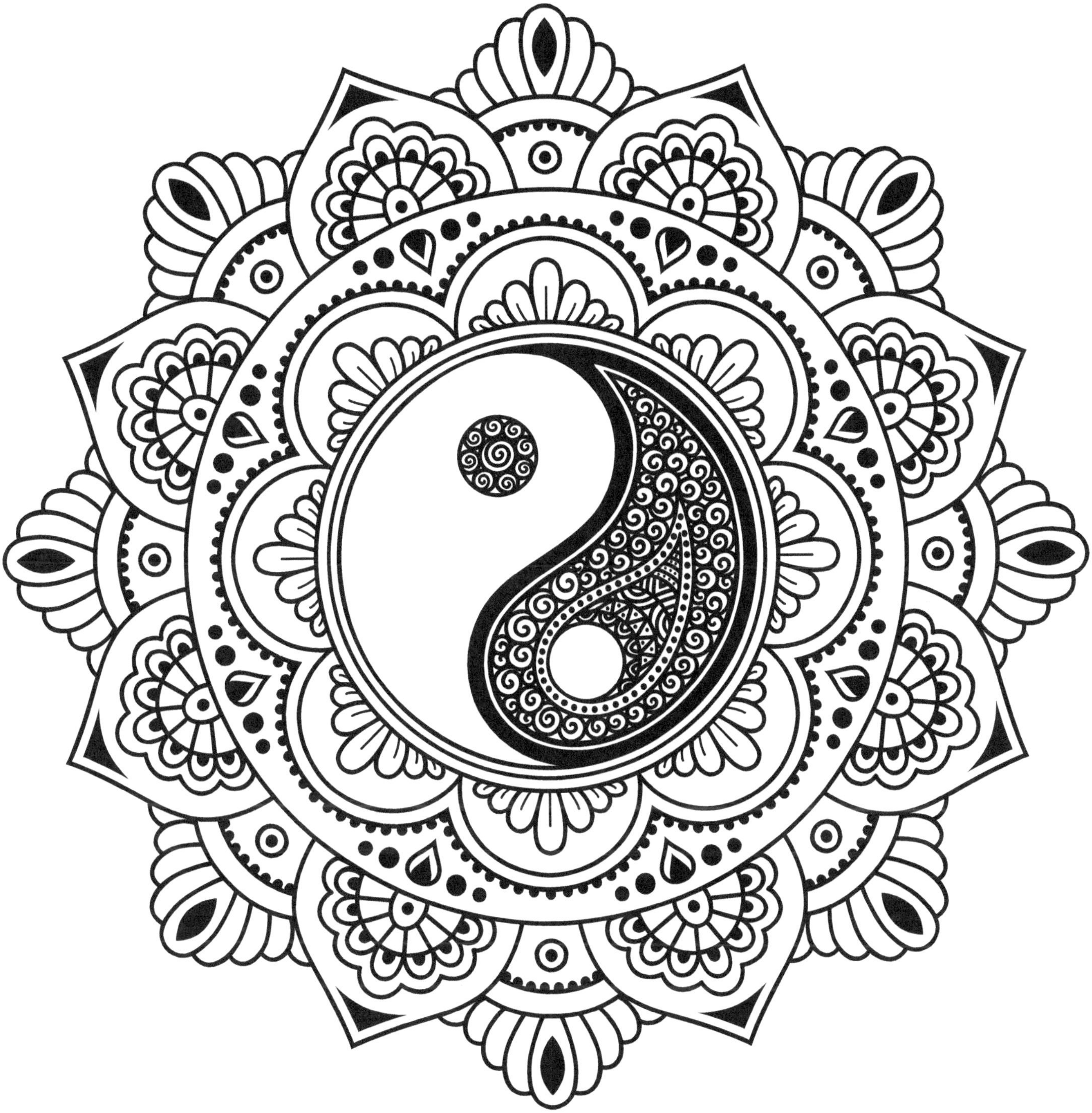

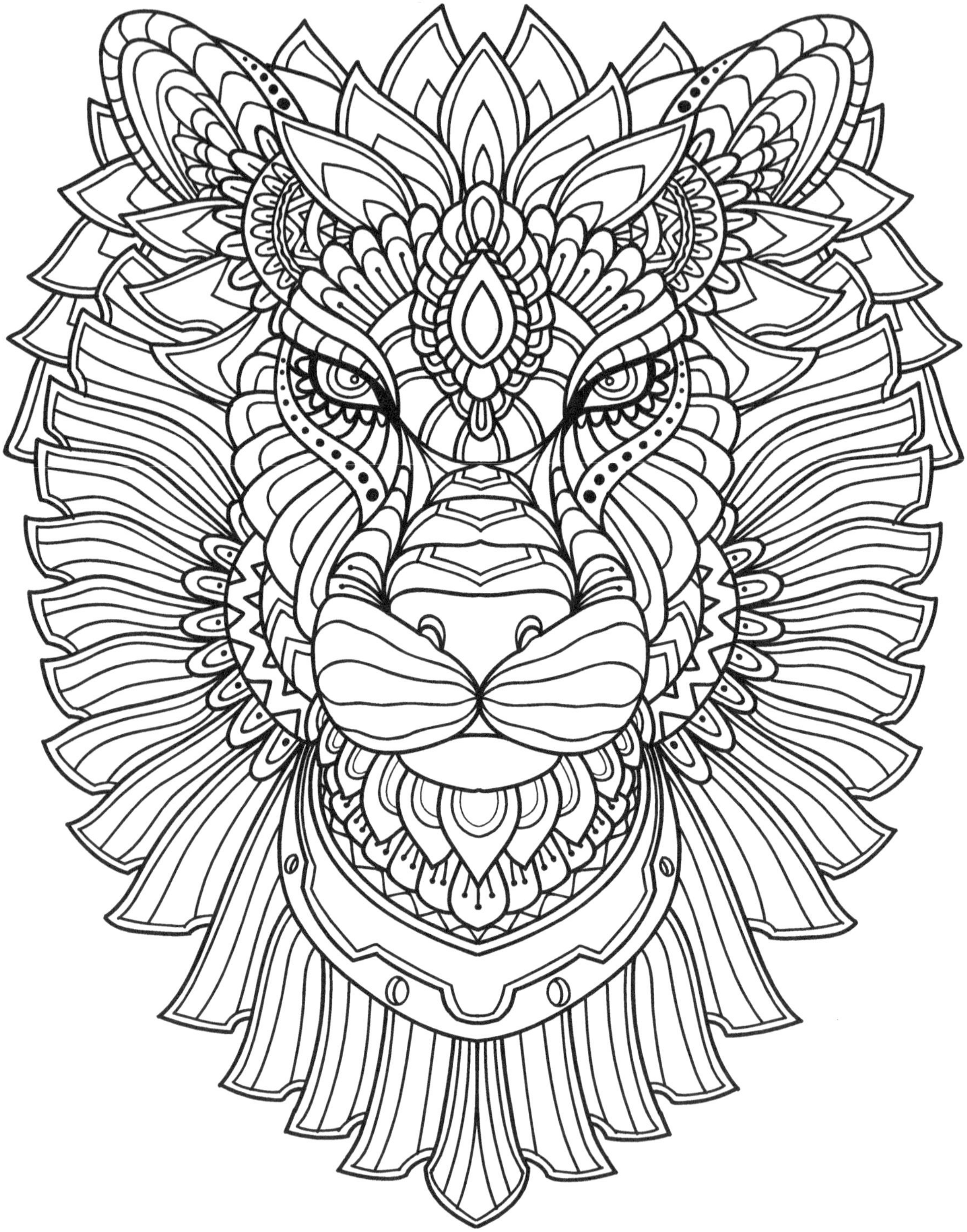

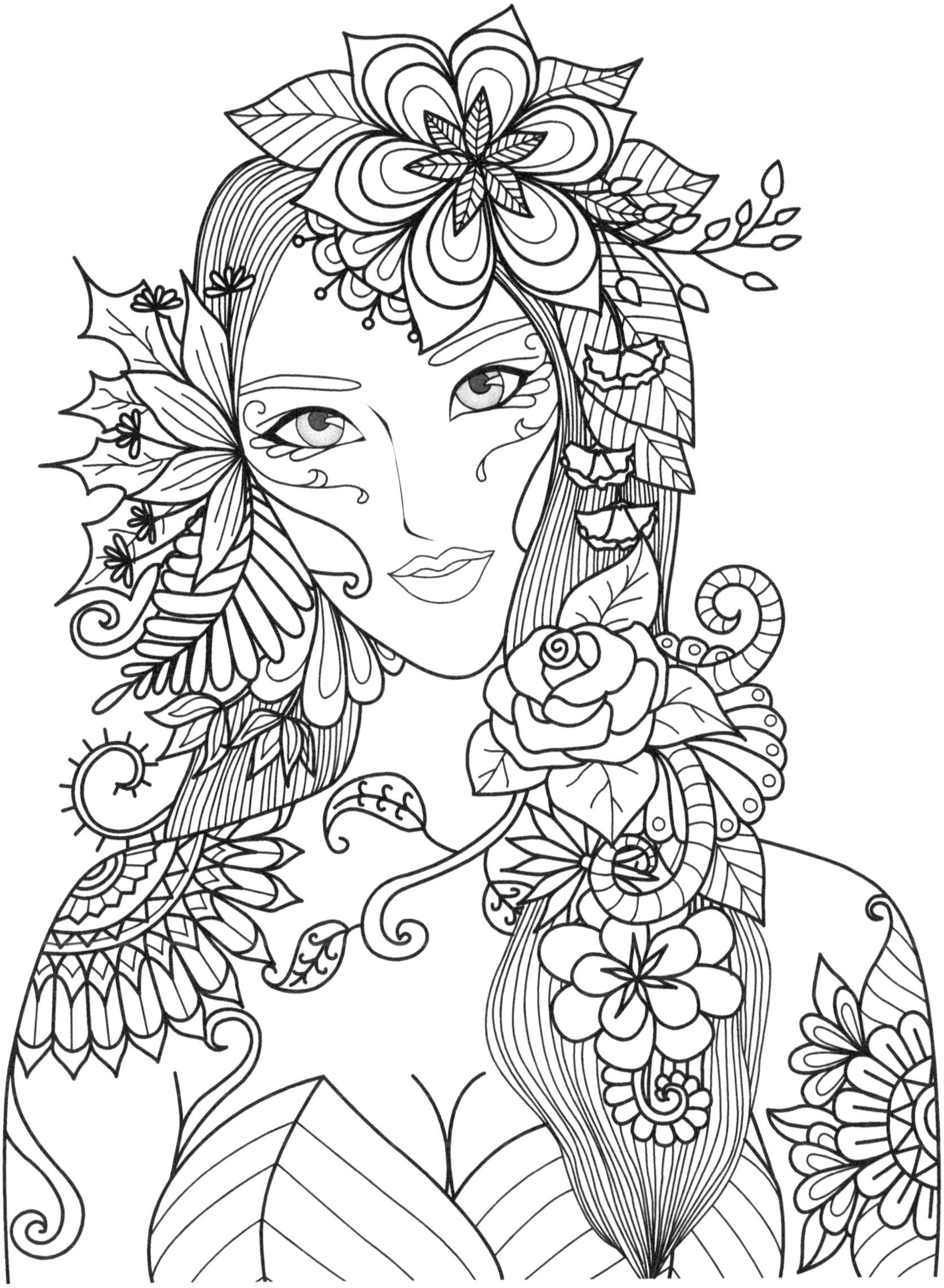

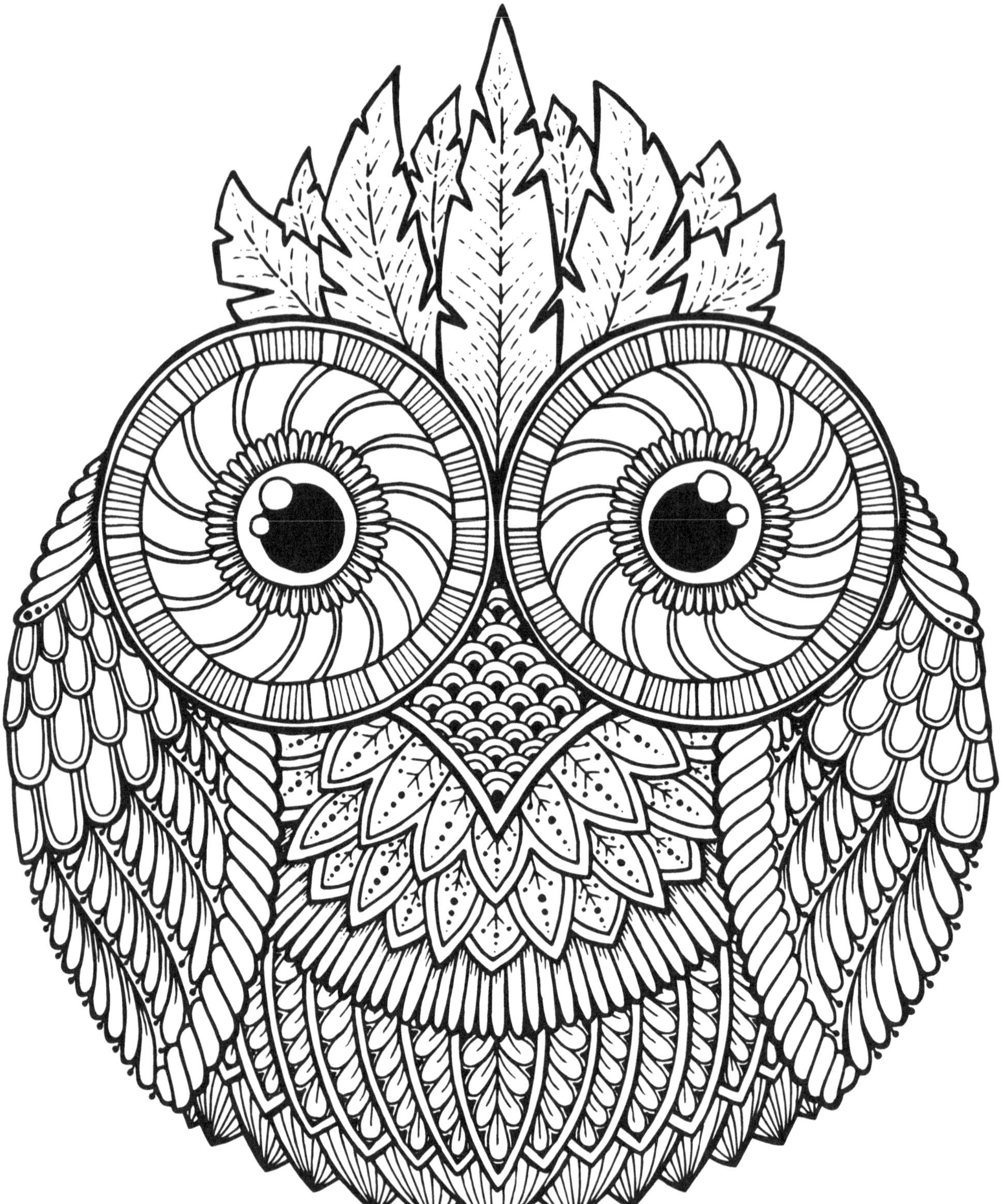

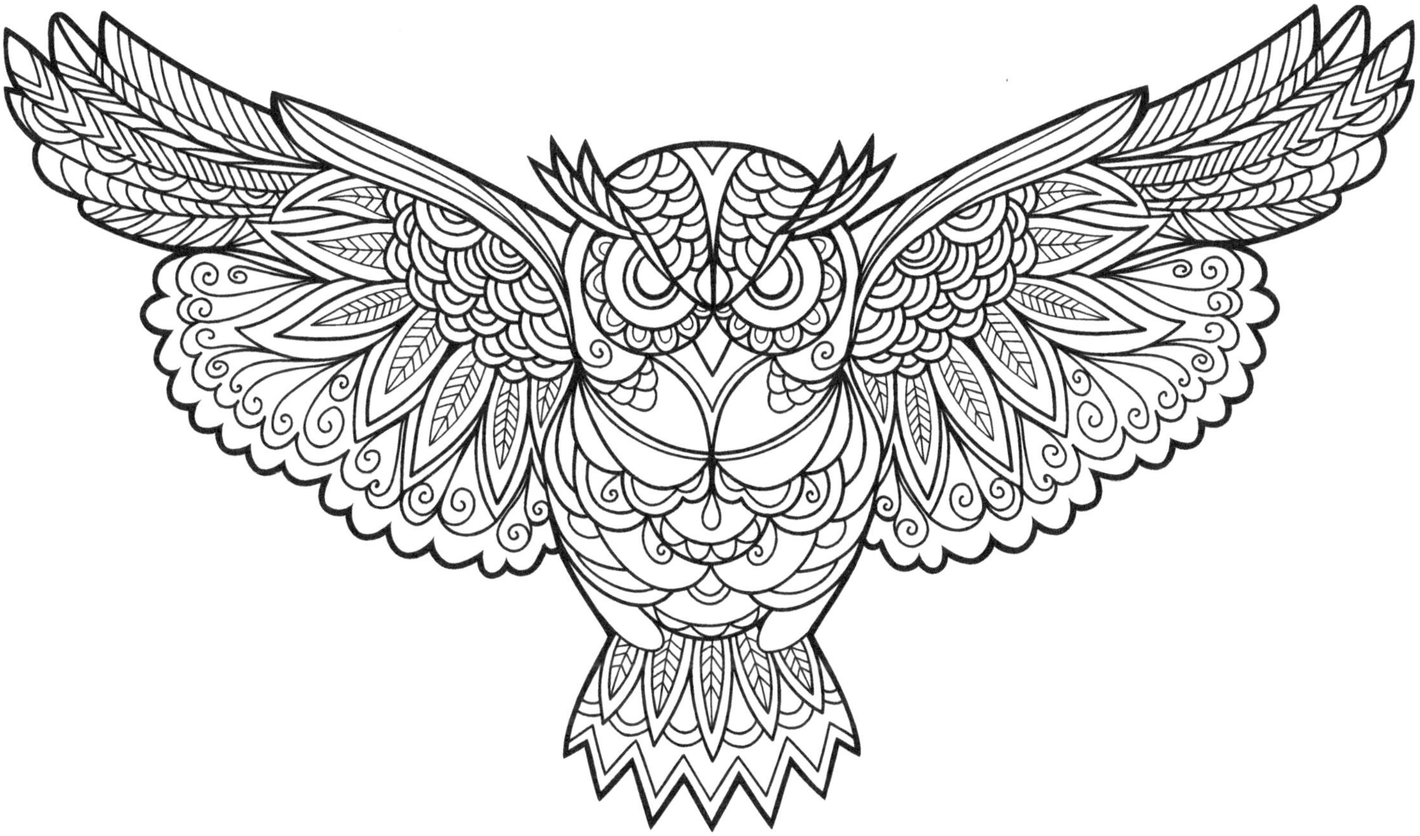

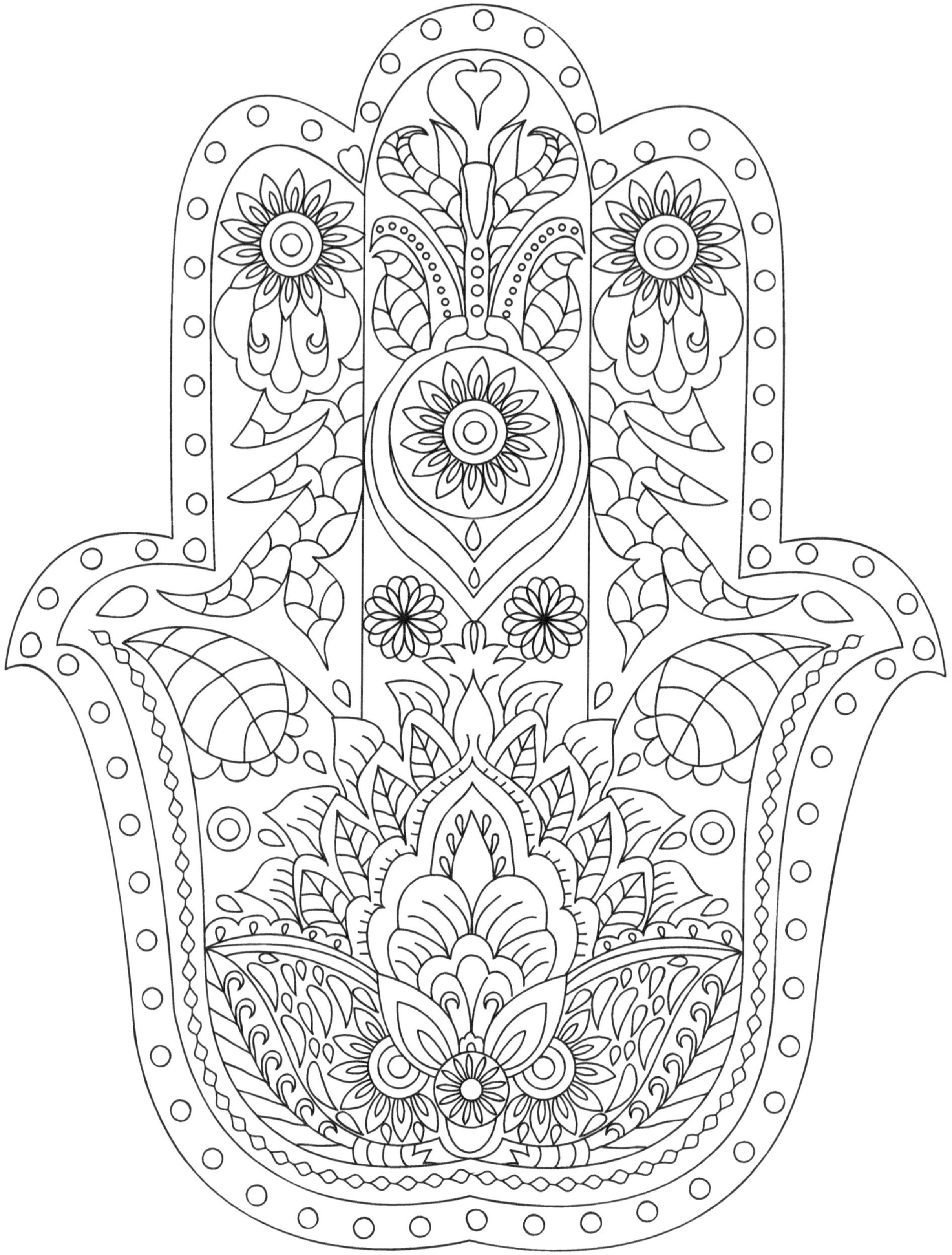

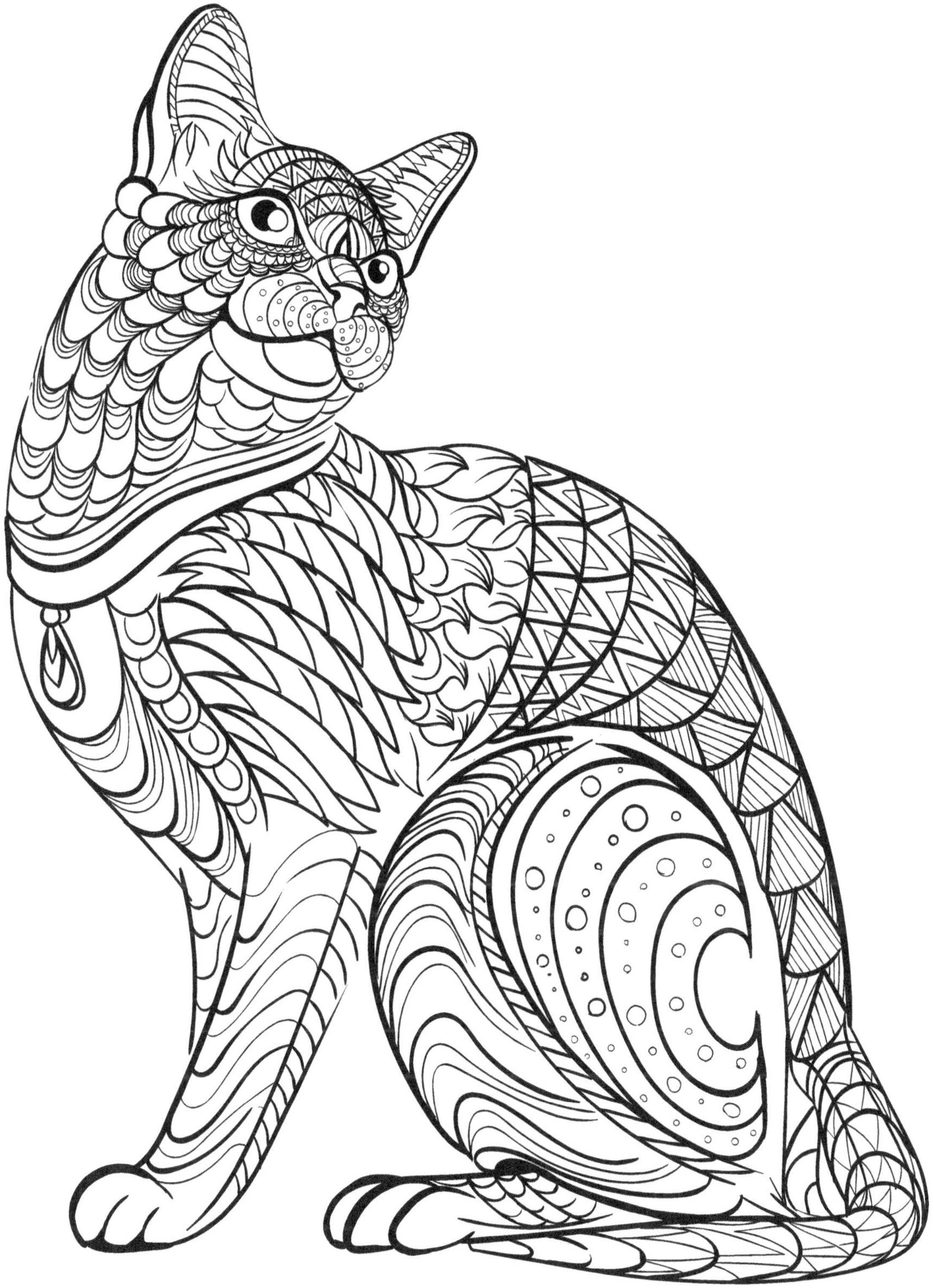

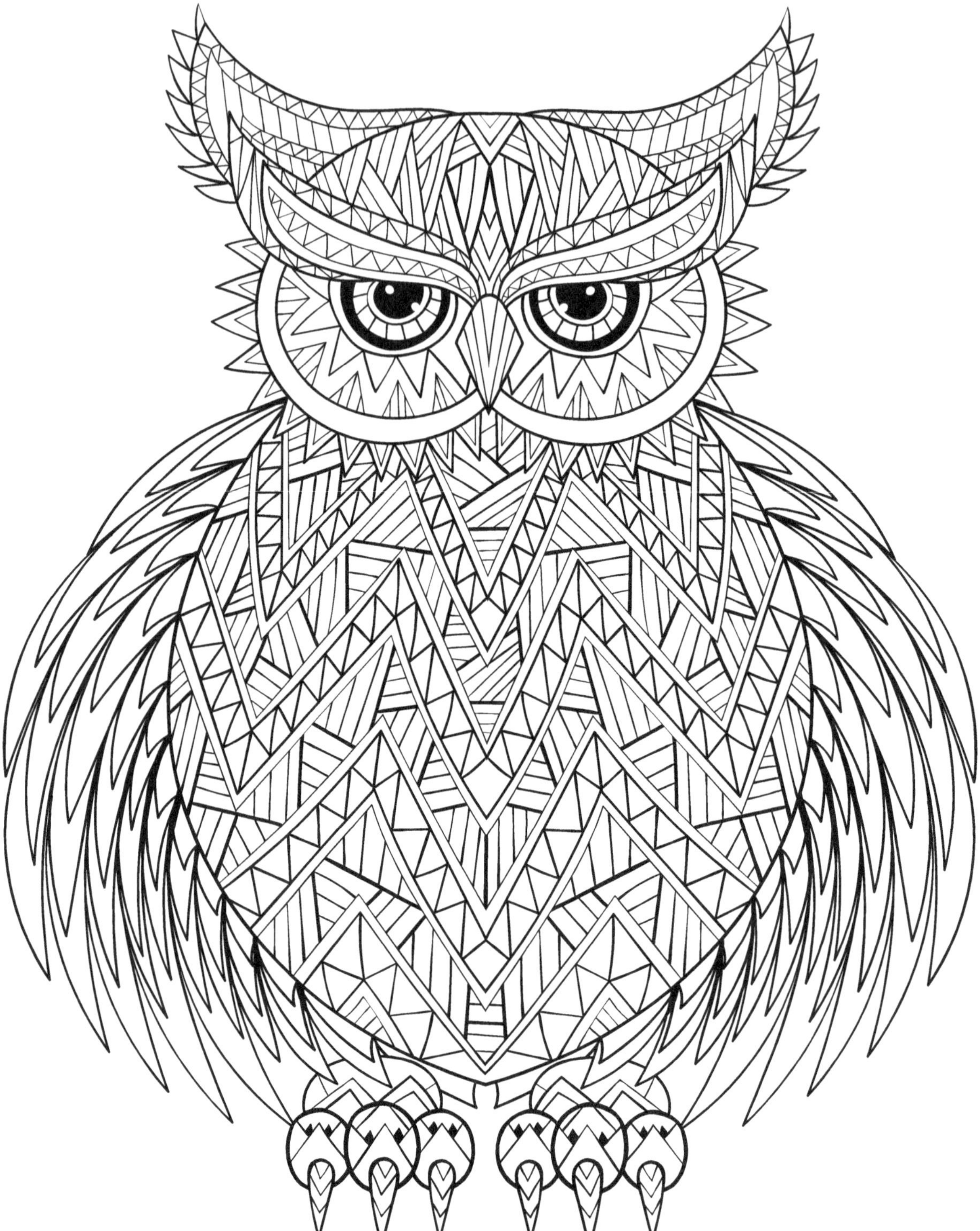

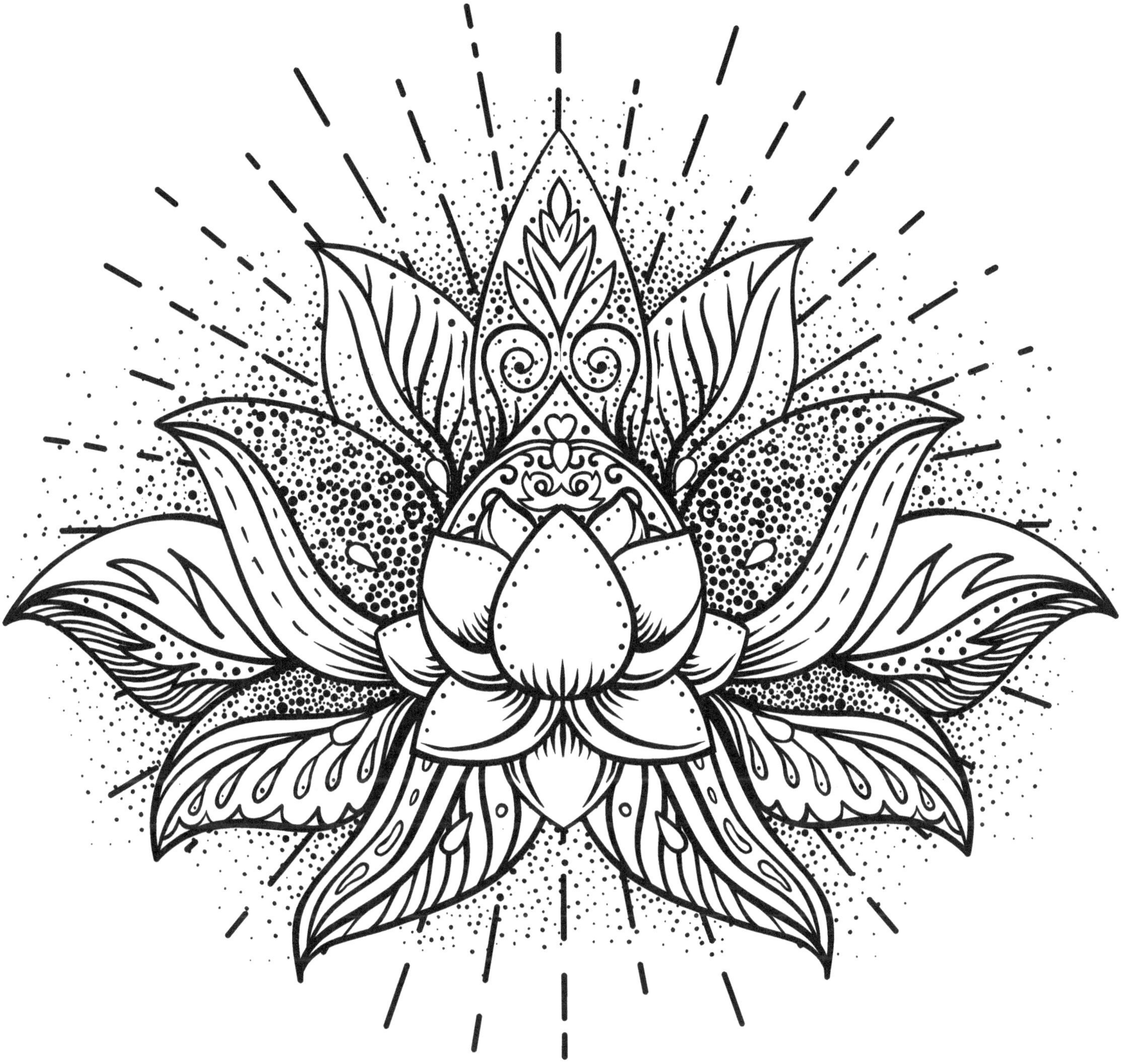

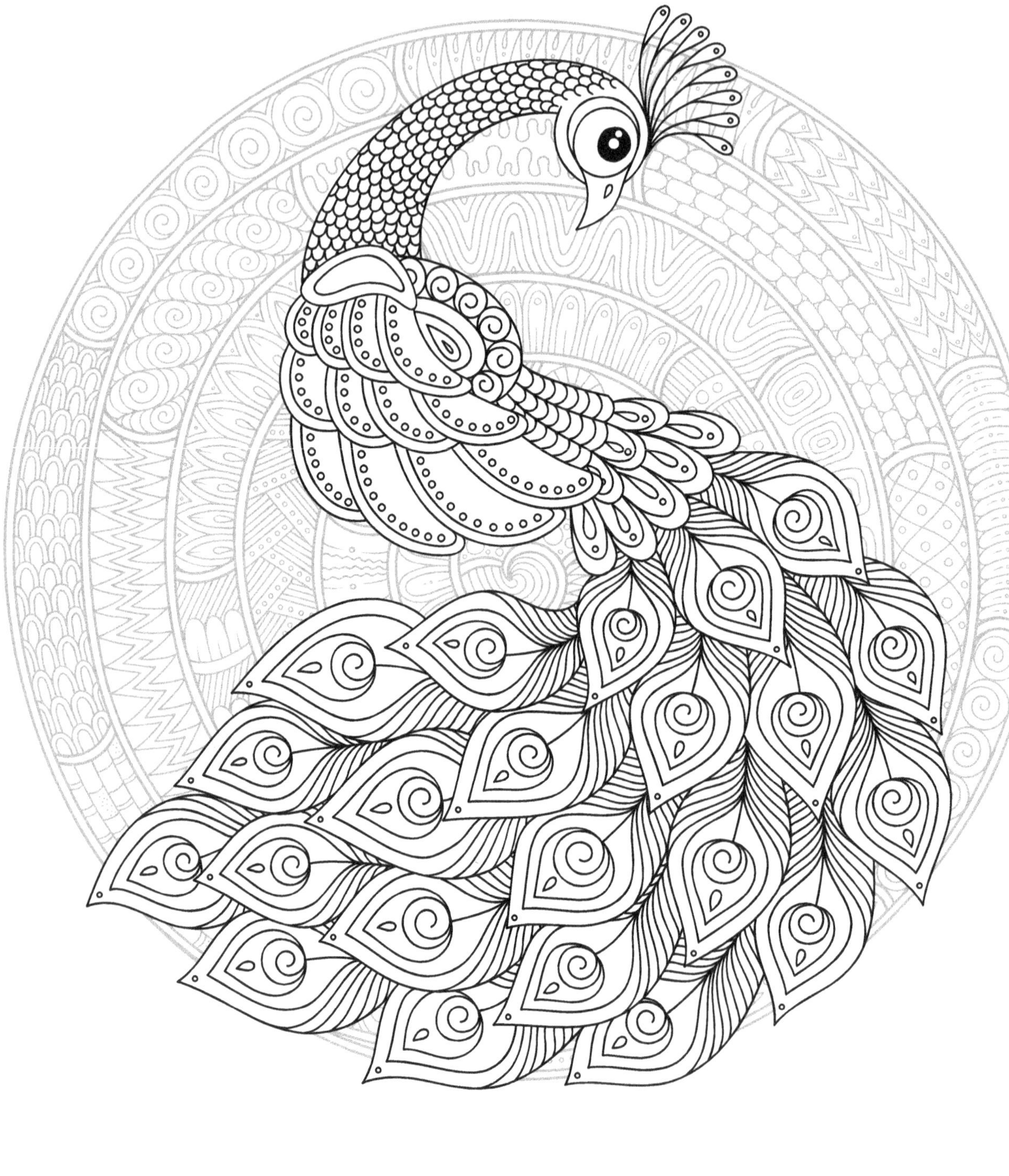

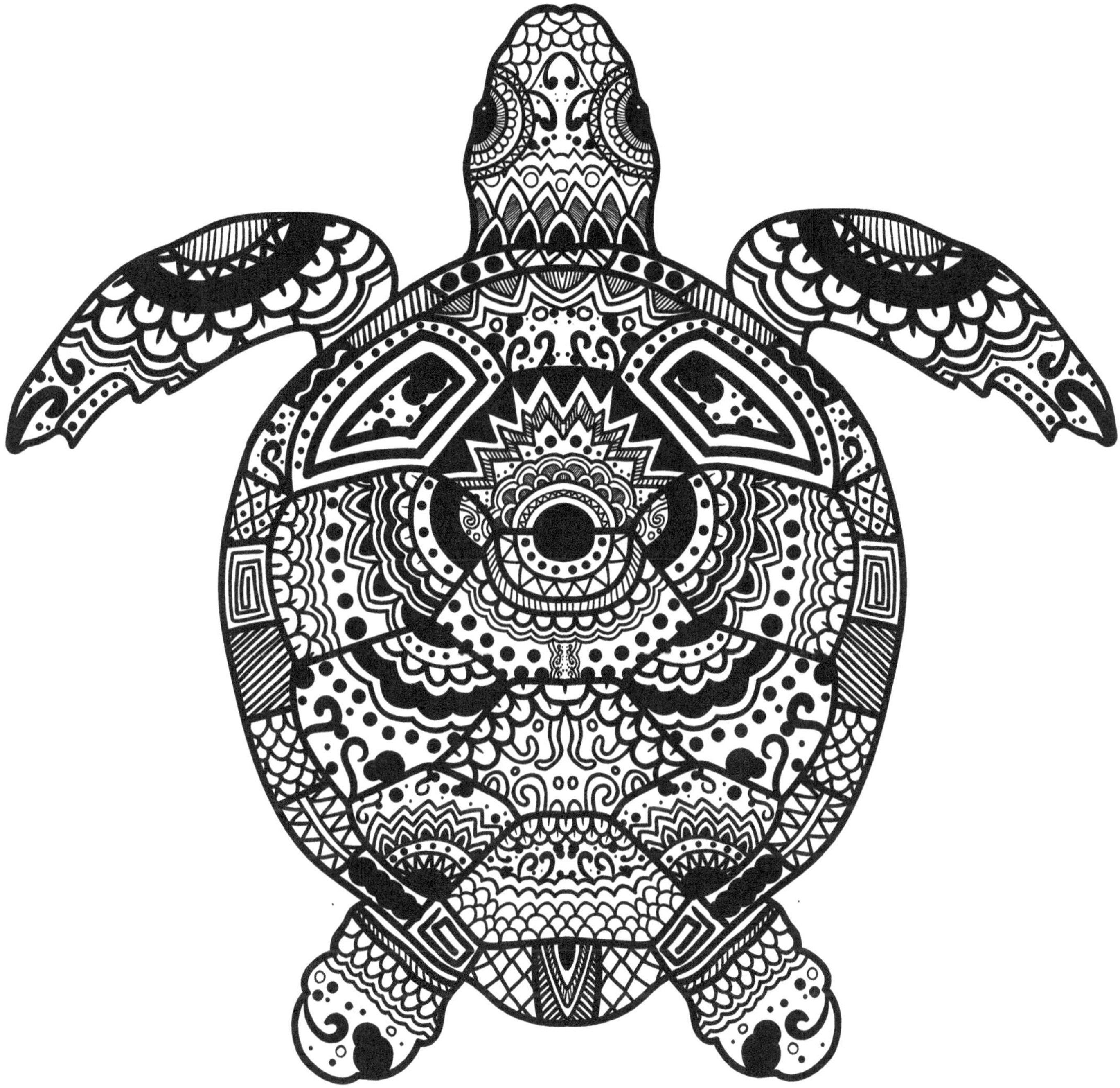

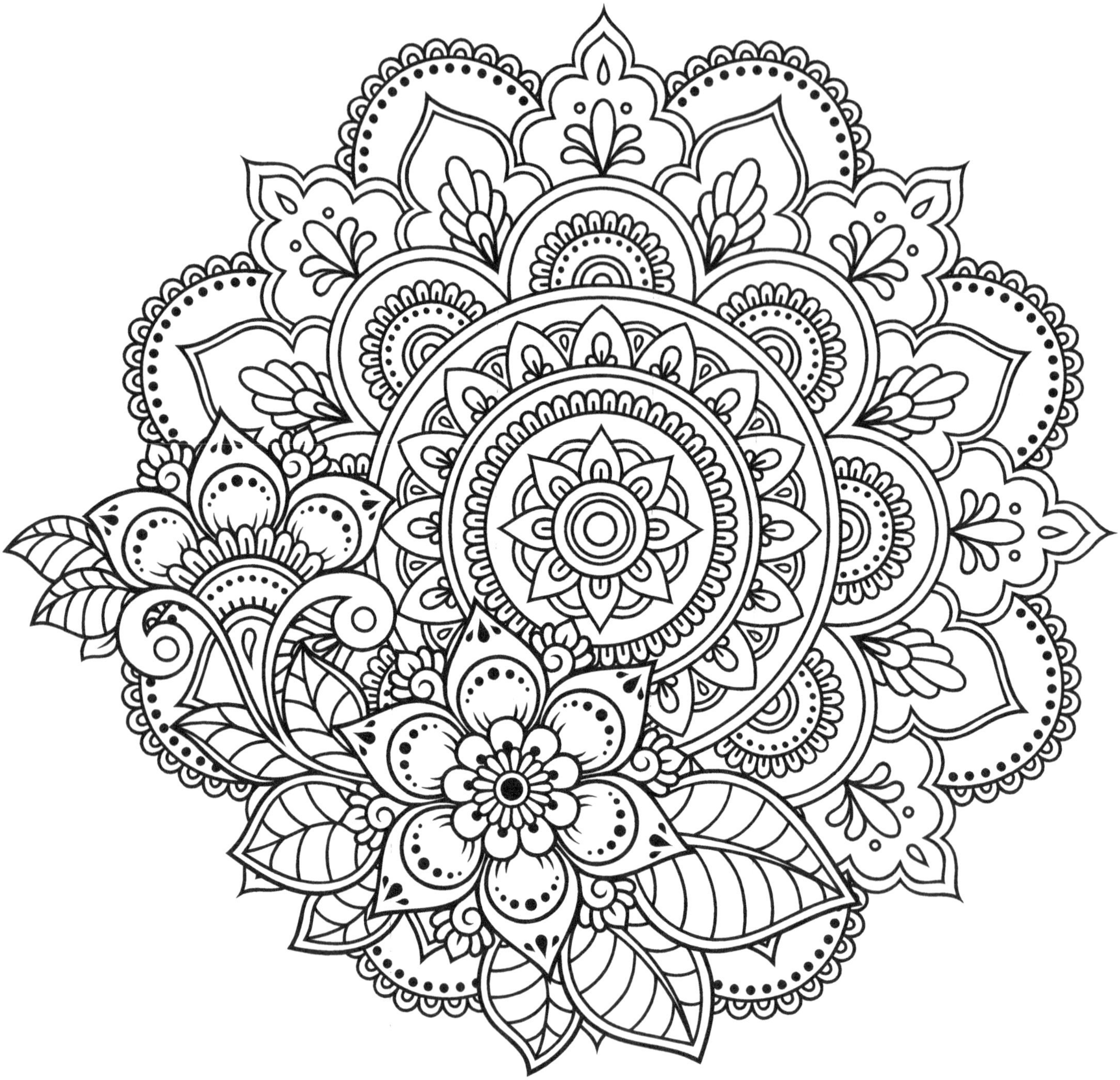

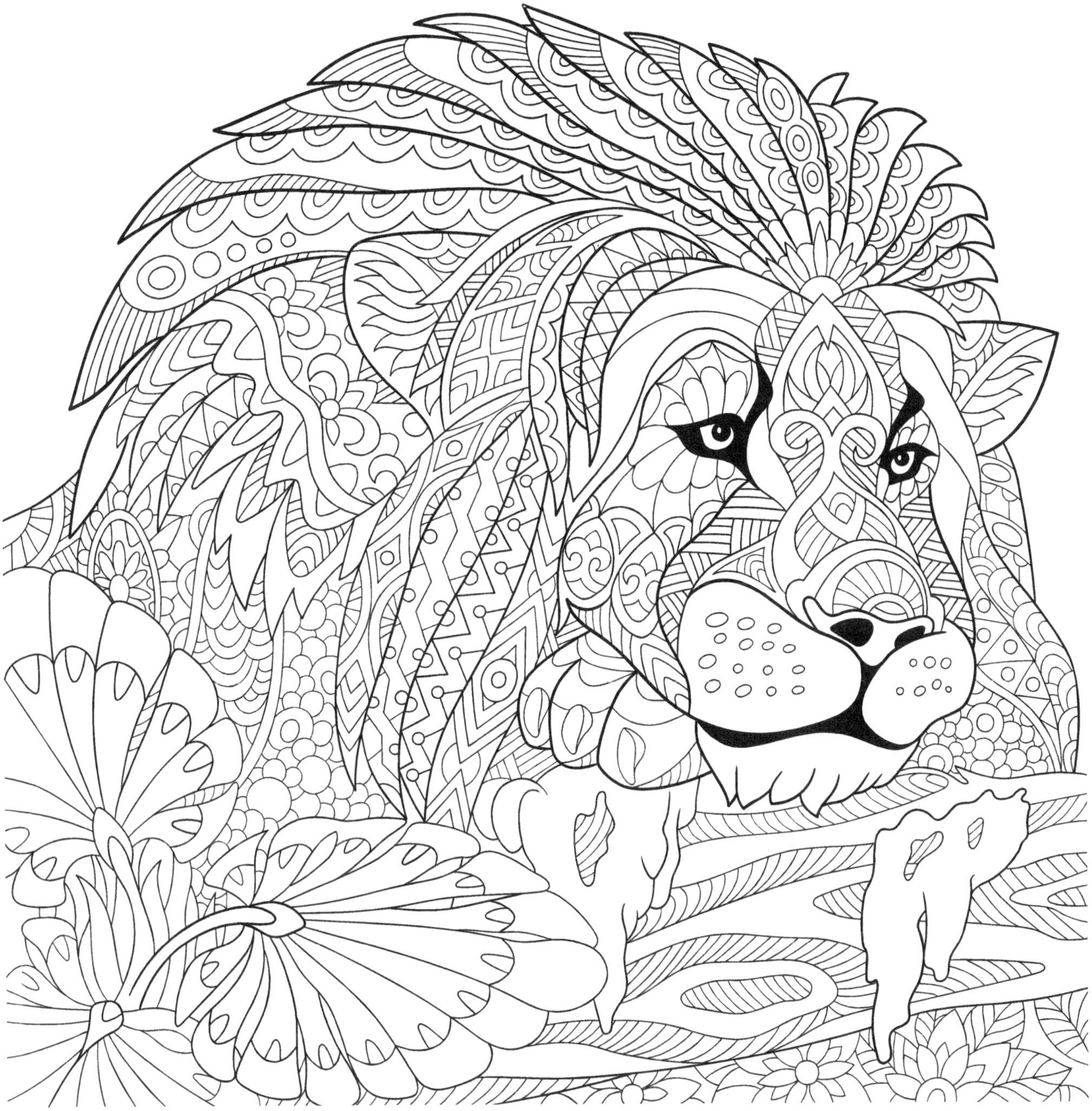

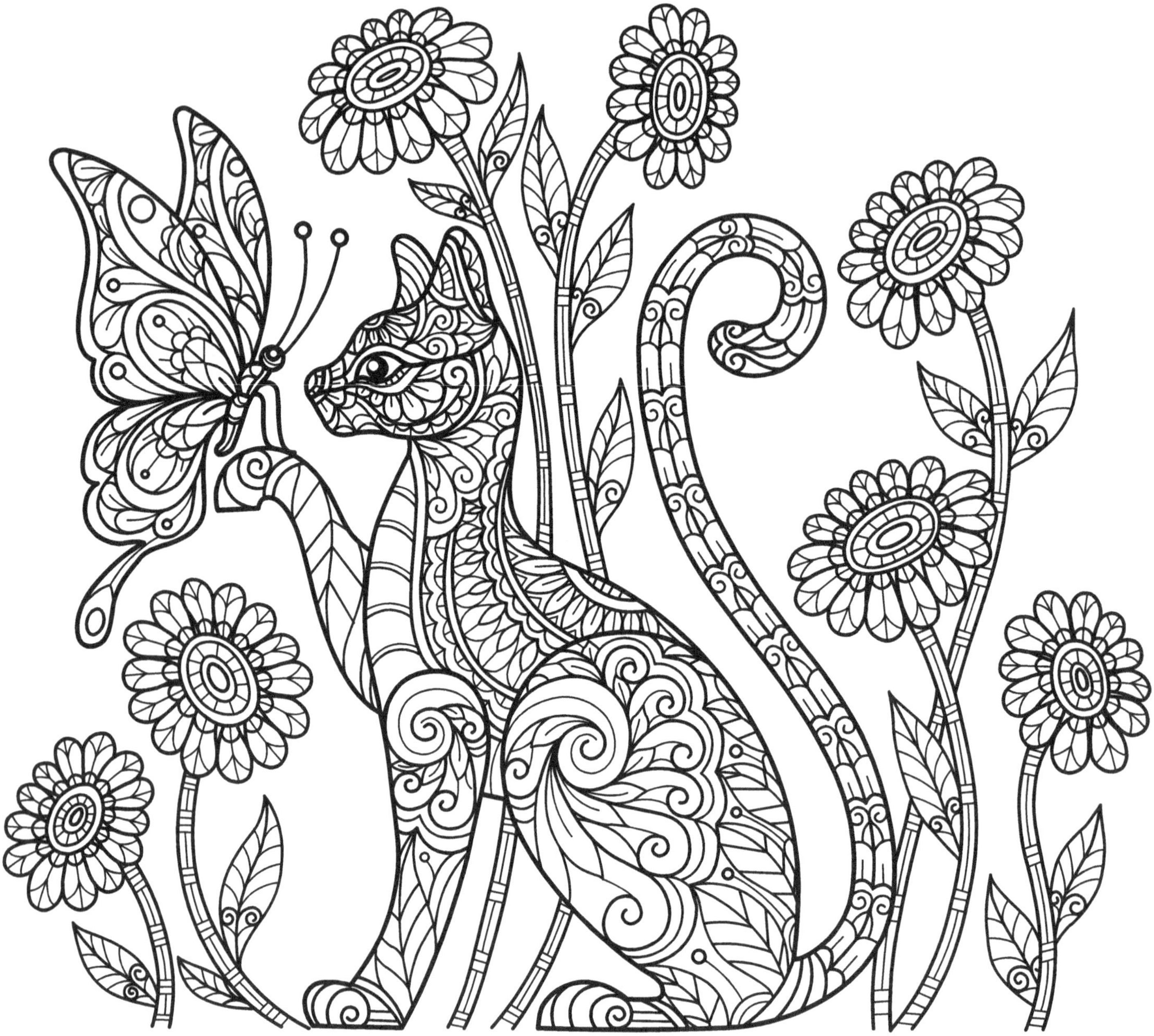

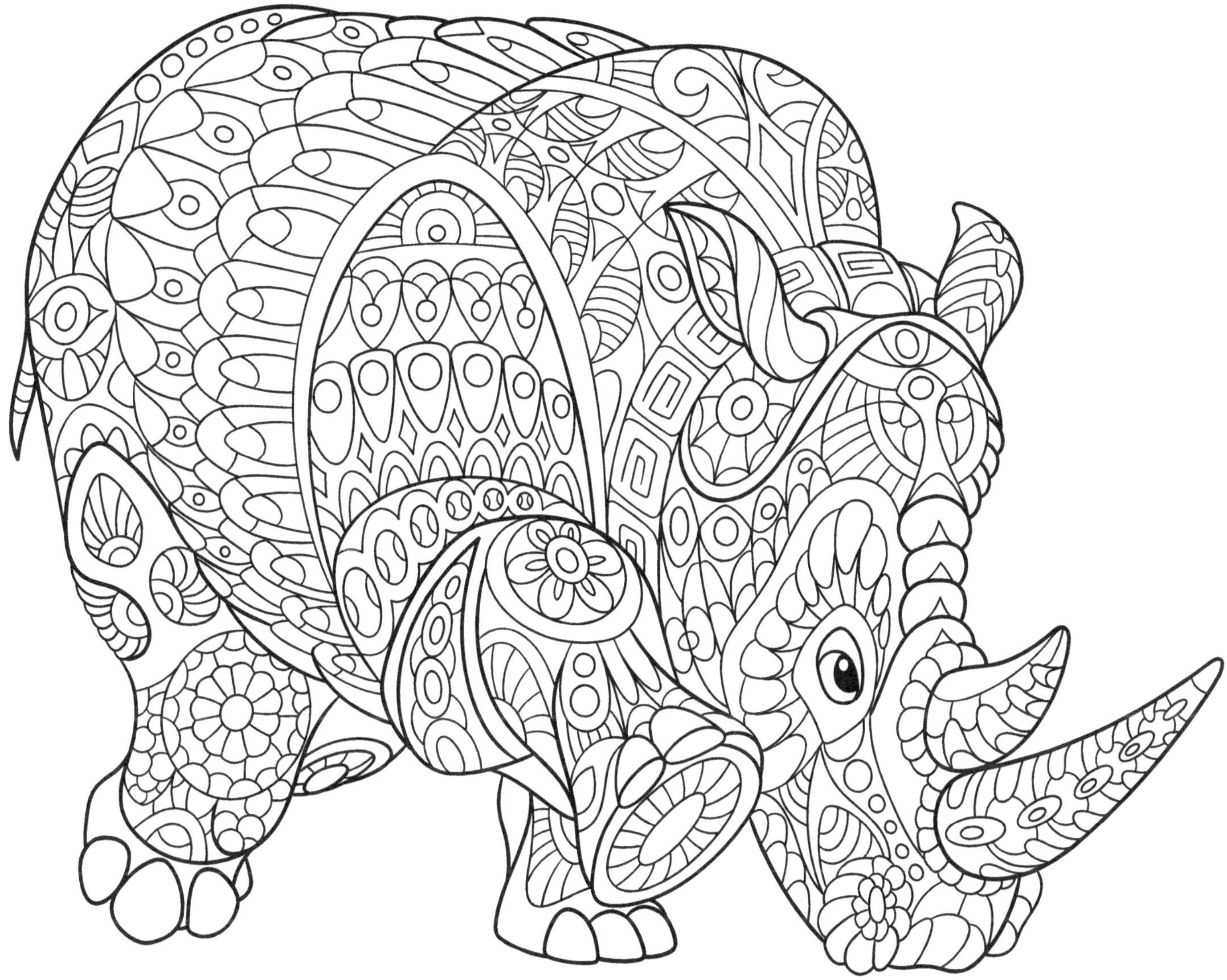

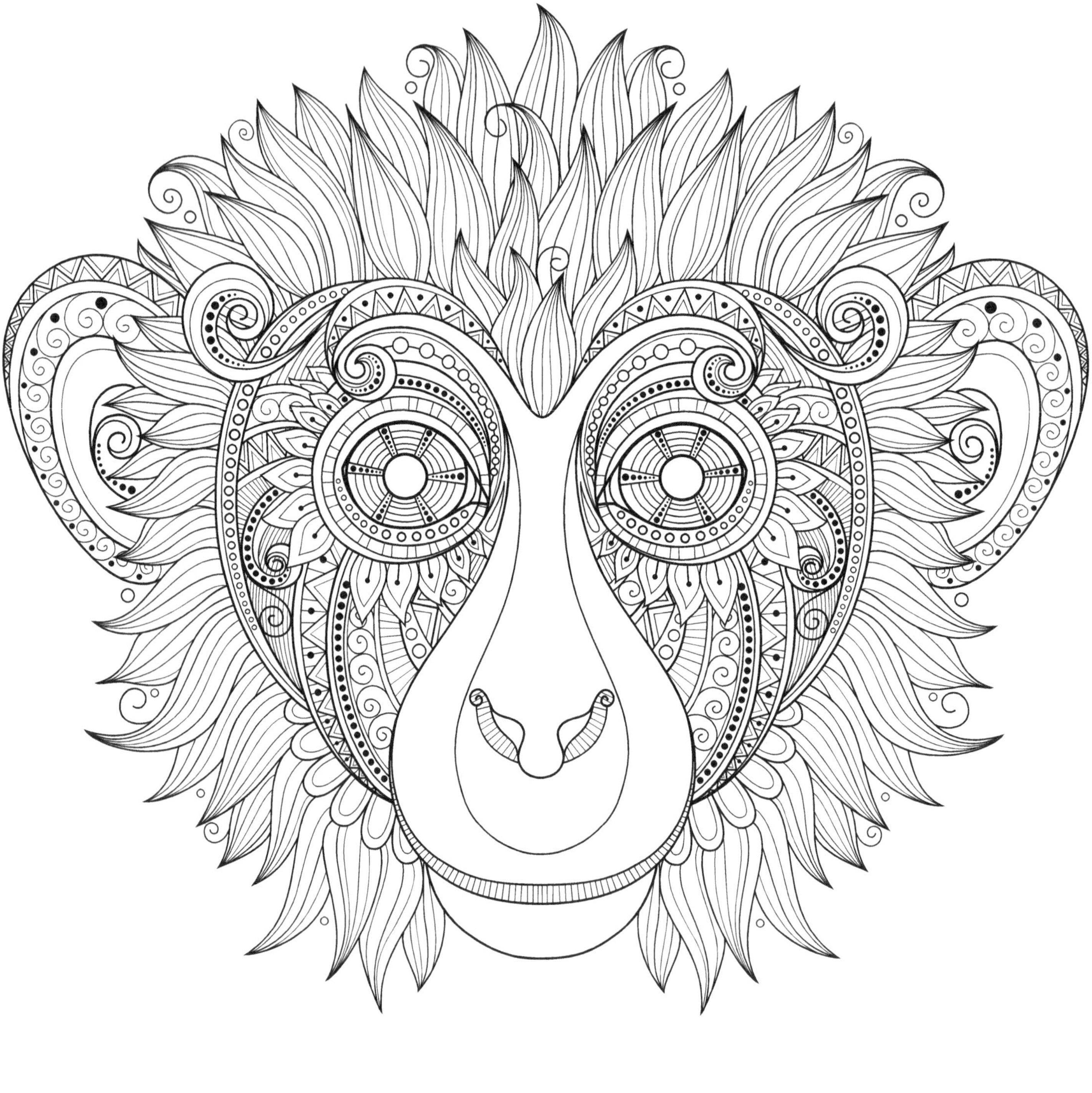

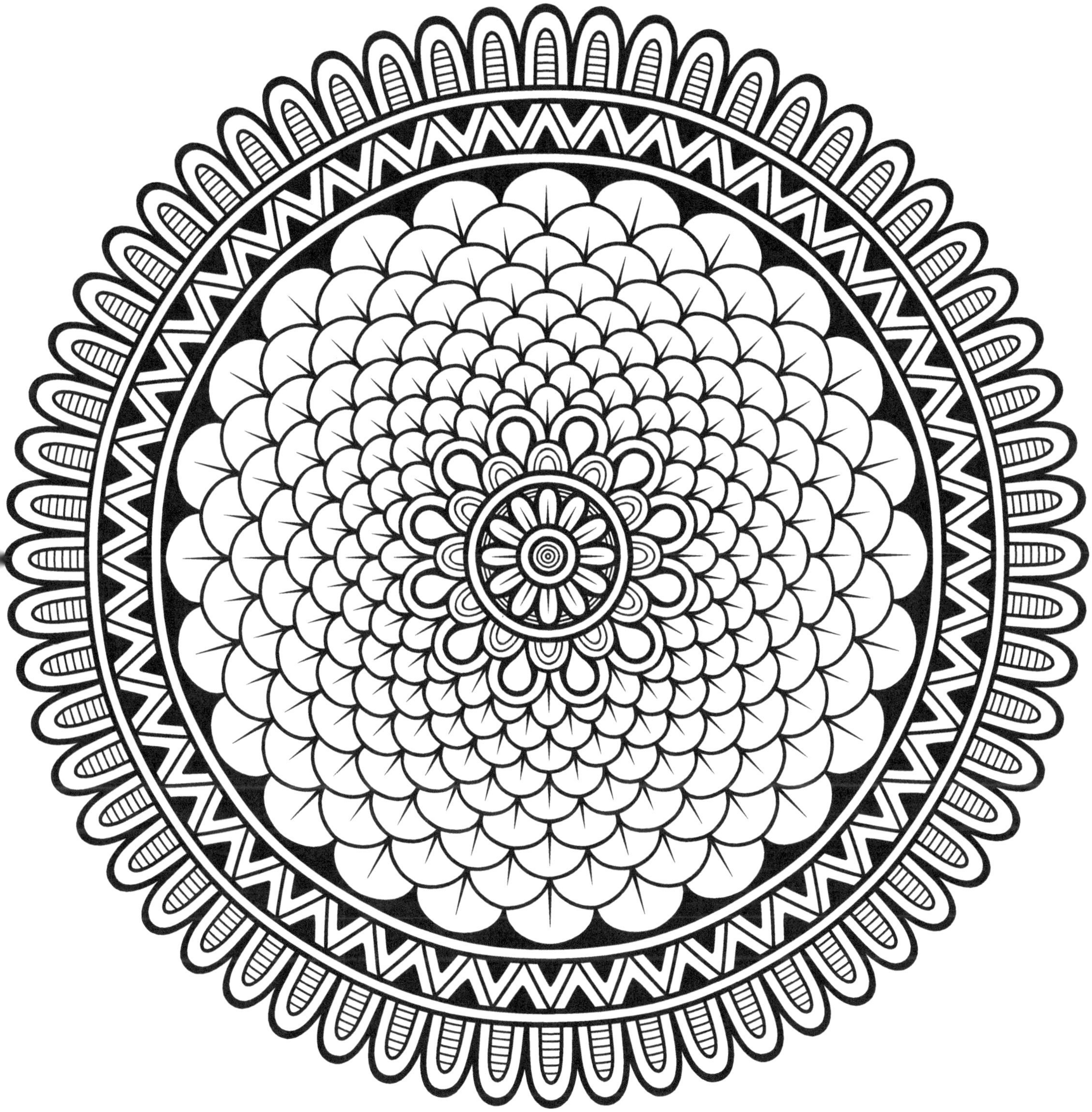

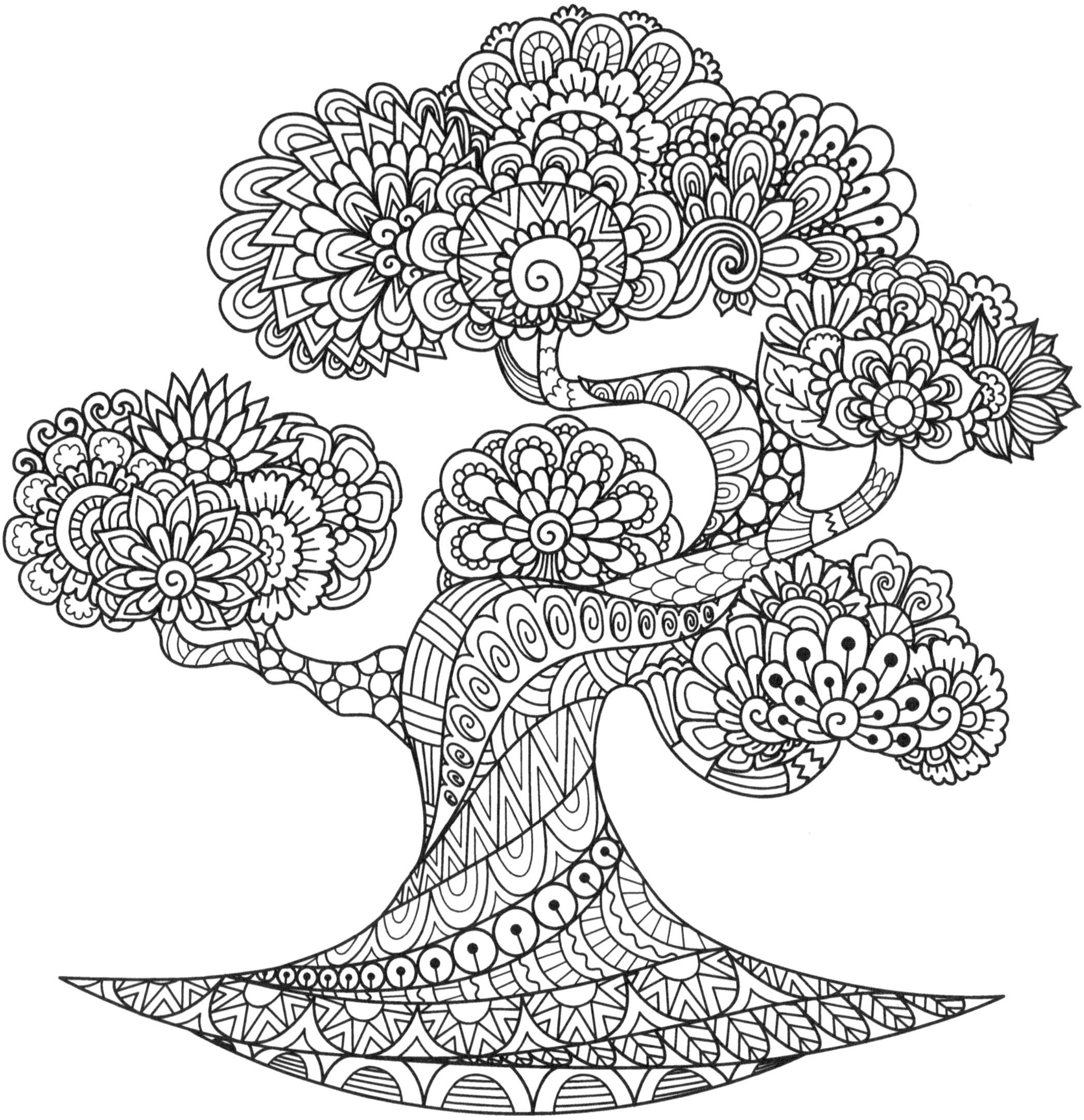

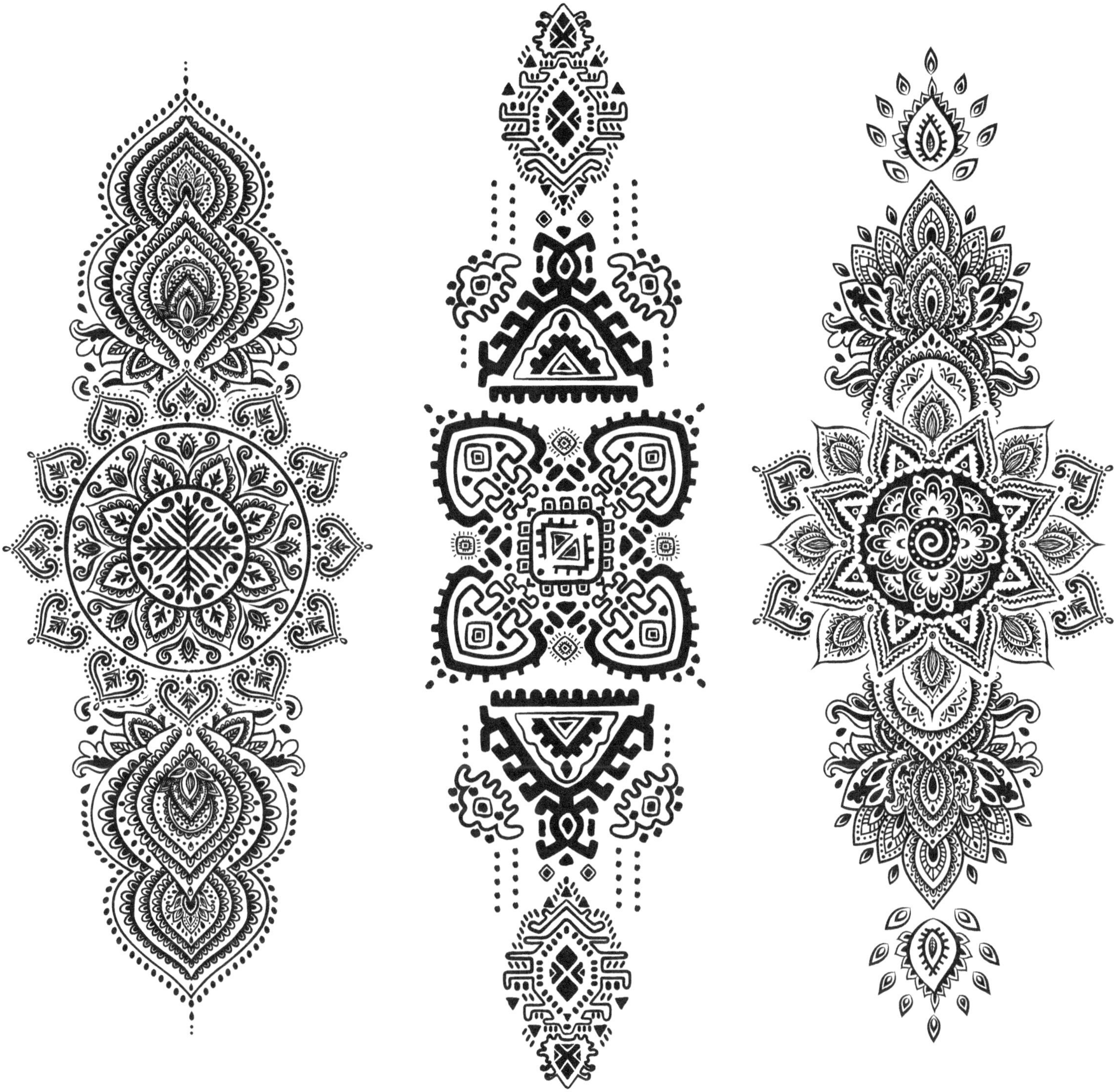

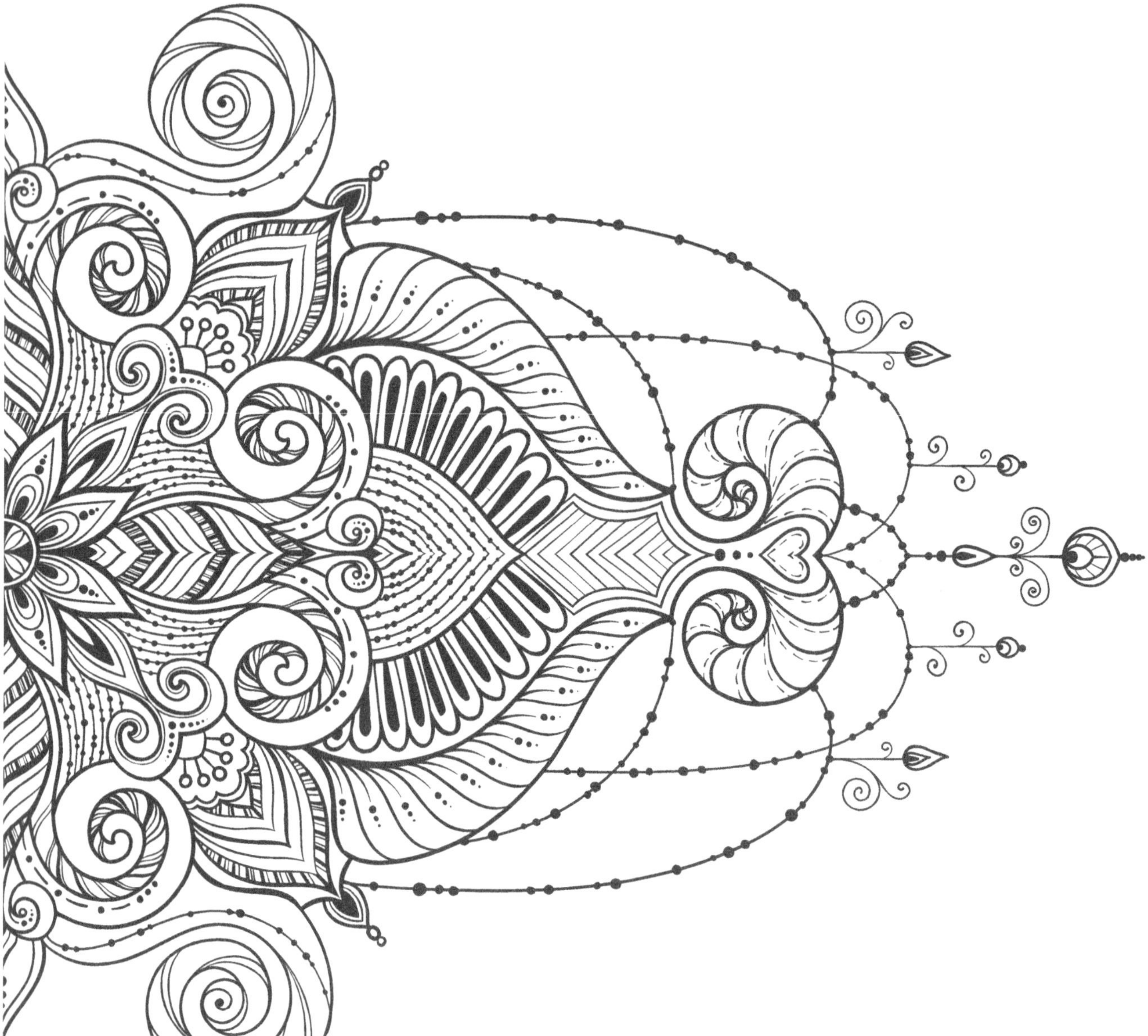

www.ingramcontent.com/pod-product-compliance
Lightning Source LLC
Chambersburg PA
CBHW081422220526
45467CB00009B/2805
* 9 7 9 8 7 0 2 1 9 9 5 3 5 *